Die besten HEISSLUFT-FRITTEUSE Rezepte

fettarm
knusprig
fix

W0472283

Weltbild

INHALT

VORWORT

In den letzten Jahren hat sich das Kochen mit der Heißluftfritteuse zu einem wahren Trend entwickelt. Denn in der heutigen Zeit gewinnt nicht nur der Geschmack, sondern auch die gesunde Zubereitung von Mahlzeiten immer mehr an Bedeutung. Mit der Heißluftfritteuse können Sie genau das erreichen – leckere und knusprige Gerichte ohne die Zugabe von zusätzlichem Fett. Durch das Heißluftgebläse wird die Hitze gleichmäßig verteilt, wodurch Lieblingsgerichte knusprig und saftig werden, ganz ohne die Verwendung von übermäßig viel Öl oder Fett. Die Heißluftfritteuse trägt darüber hinaus nicht nur dazu bei, die Kalorienzufuhr zu reduzieren und eine fettarme Zubereitung zu ermöglichen, sondern spart durch ihre innovative Technik auch noch Zeit.

Dieses Kochbuch bietet eine vielfältige Auswahl an Rezepten für jede Gelegenheit und jeden Geschmack. Von herzhaften Snacks und Fingerfood über saftige Fleisch- und Fischgerichte bis hin zu aromatischen Gemüsekreationen und verlockenden Desserts – hier ist für jeden Gaumen etwas dabei. Von knusprigen frittierten Ravioli über selbst gemachte Tortilla-Chips für den gemütlichen Fernsehabend über sättigenden Nudel-Schinken-Auflauf fürs Familienessen bis hin zu ausgefallenen Dessertideen wie frittierte Eiscreme oder Cookie Pie.

Lassen Sie sich von den Rezepten inspirieren, bringen Sie Ihre eigenen Ideen ein und entdecken Sie die kulinarische Welt der Heißluftfritteuse auf ganz neue Weise. Guten Appetit und viel Freude beim Kochen!

Einleitung

Wenn Sie neugierig auf die faszinierende Welt der Heißluftfritteusen sind und überlegen, sich ein solches Gerät anzuschaffen, stehen Sie möglicherweise vor einer Vielzahl von Fragen. Wie genau funktioniert eigentlich eine Heißluftfritteuse? Welche kulinarischen Möglichkeiten bietet sie? Und worauf sollte man bei der Benutzung achten? All diese Fragen und wertvolle Informationen rund um die Heißluftfritteuse finden Sie hier in den folgenden Abschnitten.

Welche Vorteile bietet die Heißluftfritteuse?

Die Vorteile einer Heißluftfritteuse sind beeindruckend und machen sie zu einem beliebten Küchengerät. Fett ist zweifellos ein Geschmacksträger und eine wichtige Energiequelle für den Körper sowie eine Hilfe bei der Aufnahme fettlöslicher Vitamine. Dennoch möchten viele Menschen den übermäßigen Verzehr von Fett vermeiden. Genau hier punktet die Heißluftfritteuse, denn sie erlaubt eine präzise Regulierung des Fettgehalts. Wenn Sie beispielsweise selbst gemachte Pommes frites zubereiten, können Sie mit nur wenigen Tropfen Öl das Aroma verstärken und dennoch deutlich weniger Fett verwenden als bei traditionell frittierten Pommes. Es lohnt sich, verschiedene Varianten auszuprobieren und die perfekte Zubereitung für Ihren Geschmack zu finden. Bei vielen Tiefkühlprodukten, die speziell für die Heißluftfritteuse geeignet sind, ist bereits eine Fettzugabe enthalten, sodass zusätzliches Öl nicht erforderlich ist. Abgesehen von den Kalorienvorteilen zeichnet sich die Heißluftfritteuse durch ihre Sicherheit und einfache Reinigung aus. Anders als bei herkömmlichen Fritteusen, bei denen spritzendes Fett Verbrennungen verursachen kann, gestaltet sich die Reinigung bei den meisten Heißluftfritteusen äußerst unkompliziert. Die meisten Teile können sogar in der Geschirrspülmaschine gereinigt werden, und die übrigen Komponenten lassen sich einfach mit einem feuchten Tuch säubern. Das lästige Abkühlen und Ent-

sorgen von Fett, wie es bei traditionellen Fritteusen üblich ist, gehört ebenfalls der Vergangenheit an. Ein weiterer klarer Vorteil ist die vergleichsweise geringe Geruchsentwicklung, da der penetrante Geruch von heißem Fett, der sich oft lange Zeit in der Wohnung hält, vermieden wird.

Wie funktioniert eine Heißluftfritteuse?

Die Funktionsweise einer Heißluftfritteuse basiert, wie der Name schon sagt, auf heißer Luft. Im Wesentlichen ähnelt sie einem Backofen mit Umluft. Es wird also nicht wirklich frittiert, wie es bei herkömmlichen Fritteusen der Fall ist, bei denen Lebensmittel in einem Ölbad gegart werden. Stattdessen ersetzt die Heißluftfritteuse das Fett durch heiße, zirkulierende Luft. Dabei erwärmen Heizkörper die Luft auf die gewünschte Temperatur, und ein leistungsstarker Ventilator verteilt sie gleichmäßig. Da der Raum in einer Heißluftfritteuse kleiner ist als in einem Backofen, konzentriert sich die heiße Luft stärker auf die zu garenden Lebensmittel, was zu einer wunderbar krossen und knusprigen Textur führt.

Tipps und Tricks für die Heißluftfritteuse

Die Heißluftfritteuse hat sich in vielen Haushalten zu einem unverzichtbaren Küchengerät entwickelt, das eine gesunde und fettreduzierte Zubereitung vieler Speisen ermöglicht. Hier einige der wichtigsten Tipps und Tricks für ihren Gebrauch:

1. **Vorheizen:** In den meisten Fällen ist das Vorheizen der Heißluftfritteuse nicht erforderlich. Sie können das Gerät einfach einschalten und sofort mit dem Garen beginnen. Dies spart Zeit und Energie.

2. **Die richtige Menge:** Achten Sie darauf, die Heißluftfritteuse nicht zu überladen. Die Lebensmittel sollten genügend Platz haben, damit die heiße Luft gleichmäßig zirkulieren kann. Wenn nötig, bereiten Sie größere Mengen in mehreren Chargen zu.

3. **Öl dosieren:** Eine der größten Stärken der Heißluftfritteuse ist die fettarme Zubereitung. Verwenden Sie nur eine kleine Menge Öl oder nutzen Sie einen Öl-Zerstäuber, um die Lebensmittel leicht zu benetzen. So erzielen Sie knusprige Ergebnisse ohne übermäßigen Fettgehalt.

4. **Lebensmittel vorbereiten:** Bevor Sie die Lebensmittel in die Heißluftfritteuse geben, trocknen Sie sie gut ab. Feuchtigkeit kann dazu führen, dass die Speisen weniger knusprig werden. Panieren Sie Lebensmittel leicht, wenn gewünscht, aber achten Sie darauf, dass die Panade nicht zu dick ist.

5. **Temperatur und Zeit:** Für optimale Ergebnisse halten Sie sich an die vorgegebenen Temperaturen und Garzeiten in den Rezepten oder der Bedienungsanleitung Ihrer Heißluftfritteuse. Experimentieren Sie bei Bedarf mit den Einstellungen, um Ihren persönlichen Geschmack zu treffen.

6. **Zwischendurch schütteln**: In einigen Fällen kann es sinnvoll sein, die Lebensmittel während des Garvorgangs einmal durchzuschütteln oder umzurühren. Dadurch wird eine gleichmäßige Bräunung gewährleistet.

7. **Die richtigen Utensilien:** Verwenden Sie hitzebeständige Utensilien wie Silikonzangen oder Holzlöffel, um die Lebensmittel sicher in der Heißluftfritteuse zu bewegen. Metallutensilien könnten die Antihaftbeschichtung beschädigen.

8. **Das richtige Zubehör:** Nutzen Sie das passende Zubehör wie Grillroste, Backeinsätze oder Grillpfannen für unterschiedliche Gerichte. Dadurch erweitern Sie die Vielfalt Ihrer Zubereitungsmöglichkeiten.

9. **Reinigung und Pflege:** Lassen Sie die Heißluftfritteuse nach der Benutzung vollständig abkühlen, bevor Sie sie reinigen. Die meisten Teile können in der Spülmaschine gereinigt werden, aber achten Sie auf die Herstellerangaben. Verwenden Sie keine scharfen Reinigungsmittel oder Scheuermittel, um die Antihaftbeschichtung zu schonen.

Für den kleinen Hunger

KNUSPRIGE KARTOFFELCHIPS

Zutaten für 6 Portionen

450 g festkochende Kartoffeln,
2 EL Öl, ½ TL Knoblauchpulver,
½ TL Zwiebelpulver,
½ TL getrockneter Thymian,
Salz, frisch gemahlener Pfeffer

Zubereitung *ca. 30 Min.*
Ruhezeit *ca. 20 Min.*

Pro Portion *ca. 93 kcal • 2 g EW • 5 g F • 10 g KH*

1. Kartoffeln sorgfältig waschen und in dünne Scheiben schneiden. In eine Schüssel mit Wasser geben und ca. 20 Minuten ruhen lassen.

2. Wasser abgießen und Kartoffelscheiben gut trocken tupfen. Mit Öl und Gewürzen vermischen.

3. Einen Teil der Kartoffelscheiben in einer einzelnen Schicht nebeneinander in den Garkorb geben und portionsweise bei 175 °C knusprig-braun garen. Das kann je nach Dicke der Scheiben ca. 10–15 Minuten dauern. Etwas abkühlen lassen und servieren.

Tipp Würzen Sie die Kartoffelchips ganz nach Ihrem Geschmack und experimentieren Sie z. B. mit Chili-, Paprika- oder Knoblauchpulver.

HÄHNCHEN-TAQUITOS

Zutaten für 6 Stück

½ Zwiebel, 1 Knoblauchzehe, 1 kleine grüne Chilischote, 1 TL Öl, 150 g Brathähnchenfleisch, 2 EL Salsasoße, 100 g geriebener Käse (z. B. Mozzarella, Cheddar), gemahlener Kreuzkümmel, etwas Paprikapulver, etwas Salz, frisch gemahlener Pfeffer, 6 kleine Weizentortillas, Öl zum Besprühen

Zubereitung *ca. 30 Min.*

Pro Stück *ca. 269 kcal • 13 g EW • 10 g F • 30 g KH*

1. Zwiebel und Knoblauch schälen, putzen und klein schneiden. Chilischote waschen, putzen und fein hacken. Zwiebel und Knoblauch in Öl glasig braten, Chilischote und zerkleinertes Brathähnchen zugeben und alles gut verrühren. Salsa und Käse zugeben und alles mit Kreuzkümmel, Paprikapulver, Salz und Pfeffer abschmecken.

2. Heißluftfritteuse auf 200 °C vorheizen. Tortillas in einer Pfanne oder in der Mikrowelle erwärmen, bis sie weich werden. 3 Esslöffel Füllung in die Mitte jeder Tortilla geben, einklappen und zu Taquitos rollen.

3. Garkorb und Taquitos mit etwas Öl besprühen und Taquitos nebeneinander in den Korb legen. Ca. 10–15 Minuten garen, dabei nach der Hälfte der Garzeit wenden. Mit einem Dip nach Wahl servieren.

Tipp Ist vom Brathähnchen auf S. 42 etwas übrig geblieben? Dann sind diese Hähnchen-Taquitos die ideale Resteverwertung!

CALAMARI IN PANKO-BUTTERMILCH-PANADE

Zutaten für 2 Portionen

4 kleine Tintenfischtuben (frisch oder TK-Produkt), 30 ml Buttermilch, 50 g Pankomehl, Salz, frisch gemahlener Pfeffer, 1 TL Knoblauchpulver, 1 TL Paprikapulver, Olivenöl zum Besprühen

Zubereitung *ca. 30 Min.*
Ruhezeit *ca. 30 Min.*

Pro Portion *ca. 170 kcal • 15 g EW • 3 g F • 19 g KH*

1. Tintenfisch gegebenenfalls auftauen lassen. Trocken tupfen, in Ringe schneiden und in Buttermilch einlegen. Ca. 30 Minuten im Kühlschrank ruhen lassen.

2. Pankomehl mit Gewürzen vermischen. Tintenfischringe etwas abtropfen lassen und im Pankomehl wenden.

3. Garkorb mit etwas Olivenöl besprühen und einen Teil der Tintenfischringe so nebeneinander in den Korb legen, dass sie sich nicht berühren. Mit Öl besprühen. Bei 200 °C ca. 5 Minuten garen, dabei nach der Hälfte der Garzeit vorsichtig wenden. Mit einem Dip nach Wahl servieren.

HÄHNCHEN-BITES MIT MOZZARELLA

Zutaten für 4 Portionen

2 gegarte Hähnchenbrustfilets,
1 Handvoll Basilikumblätter, 2 Eigelb,
2 EL Mehl, ½ TL edelsüßes Paprikapulver, ½ TL Knoblauchpulver,
½ TL Salz und etwas Salz zum Bestreuen, frisch gemahlener Pfeffer,
175 g geriebener Mozzarella, 100 g Paniermehl,
Öl zum Besprühen, etwas Ketchup zum Servieren

Zubereitung *ca. 45 Min.*

Pro Portion *ca. 360 kcal • 29 g EW • 16 g F • 25 g KH*

1. Hähnchenbrustfilets mit zwei Gabeln oder mit einem Stabmixer in einer Schüssel zerkleinern. Basilikumblätter waschen, trocken tupfen und fein hacken.

2. Hähnchen mit Eigelb, Mehl, Basilikum, Paprika, Knoblauchpulver, Salz und Pfeffer gut vermischen. Mischung mit angefeuchteten Händen zu kleinen Fladen formen, etwas Mozzarella in die Mitte geben, Fladen verschließen und zu Bällchen formen. Hähnchen-Bites in Paniermehl wälzen und auf einen Teller geben.

3. Garkorb und Hähnchen-Bites mit etwas Öl besprühen und Hälfte der Bällchen nebeneinander in den Korb legen. Bei 200 °C ca. 10–15 Minuten garen, dabei nach der Hälfte der Garzeit wenden. Herausnehmen und mit etwas Salz bestreuen. Restliche Hähnchen-Bites ebenso zubereiten. Noch heiß mit Ketchup servieren.

MINI-PULL-APART-BREAD

Zutaten für 4 Stück

*4 Brötchen, 2 Knoblauchzehen,
2 EL Butter, etwas Olivenöl,
Salz, frisch gemahlener Pfeffer,
2 EL gehackte Kräuter nach Belieben
(z. B. Petersilie, Basilikum, Thymian),
120 g Käse in Scheiben (z. B. Gouda, Emmentaler, Bergkäse)*

Zubereitung *ca. 20 Min.*

Pro Stück *ca. 373 kcal • 13 g EW • 19 g F • 35 g KH*

1. Brötchen rauten- oder sternförmig einschneiden. Knoblauchzehen schälen, putzen und fein hacken. Butter mit Knoblauch, Öl, Salz, Pfeffer und Kräutern vermischen.

2. Käse in Streifen schneiden. Einschnitte der Brötchen mit Buttermischung und Käse füllen.

3. Garkorb mit Backpapier auslegen und Brötchen nebeneinander hineingeben. Bei 200 °C ca. 10 Minuten garen, bis der Käse zerlaufen und leicht gebräunt ist.

Tipp Das Pull-Apart-Bread lässt sich auch mit Baguette oder Ciabatta herstellen. Hierfür die Oberfläche parallel oder kreuzweise einschneiden und mit Käse und Butter befüllen.

FRITTIERTE ZWIEBELBLUME

Zutaten für 4 Portionen

*1 sehr große Gemüsezwiebel, 2 Eier,
100 g Paniermehl, 1 TL Paprikapulver,
1 ¼ TL Knoblauchpulver, 1 TL Zwiebelpulver,
1 TL Salz und etwas Salz für den Dip, Öl zum Besprühen,
100 g Mayonaise, 100 g saure Sahne,
2 EL Ketchup, frisch gemahlener Pfeffer*

Zubereitung *ca. 45 Min.*

Pro Portion *ca. 377 kcal • 9 g EW • 26 g F • 26 g KH*

1. Heißluftfritteuse auf 180 °C vorheizen. Zwiebel schälen und putzen, Strunk nicht abschneiden. Zwiebel sternförmig so einschneiden, dass einzelne „Blütenblätter“ entstehen, dabei bis kurz vor den Strunk schneiden. „Blütenblätter“ vorsichtig auseinanderziehen.

2. Eier in einer Schüssel verschlagen. Paniermehl mit Paprika, 1 Teelöffel Knoblauchpulver, Zwiebelpulver und 1 Teelöffel Salz vermischen. Zwiebel in die Eier tauchen und darauf achten, dass alle Segmente bedeckt sind. In Paniermehlmischung wälzen. Auch hier darauf achten, dass alle „Blütenblätter“ paniert sind.

3. Garkorb mit etwas Öl besprühen und Zwiebelblume hineingeben. Mit Öl besprühen. Ca. 20–25 Minuten garen, bis die Panade braun und knusprig geworden ist.

4. Mayonnaise, saure Sahne und Ketchup verrühren und mit restlichem Knoblauchpulver, Salz und Pfeffer abschmecken. Zwiebelblume mit Dip servieren.

ITALIENISCHE REIS-BÄLLCHEN (ARANCINI)

Zutaten für 6 Portionen

250 g Reis, Salz, 125 g Mozzarella, 1 kleine Zwiebel, 1 Handvoll Basilikumblätter, 1 EL Olivenöl und etwas Olivenöl zum Besprühen, 250 g passierte Tomaten, frisch gemahlener Pfeffer, 1 Prise Zucker, 3 Eier, 4 EL geriebener Parmesan, 100 g Mehl, 100 g Paniermehl

Zubereitung *ca. 45 Min.*

Pro Portion *ca. 430 kcal • 18 g EW • 12 g F • 60 g KH*

1. Reis in Salzwasser ca. 20 Minuten gar kochen. Reis in ein Sieb abgießen und abkühlen lassen. Mozzarella in würfelgroße Stücke schneiden.

2. Zwiebel schälen, putzen und klein schneiden. Basilikum waschen, trocken tupfen und fein hacken. Zwiebel in Olivenöl anbraten und passierte Tomaten zugeben. Soße eindicken lassen und mit Salz, Pfeffer, Zucker und Basilikum würzen.

3. Reis mit 1 Ei und Parmesan vermischen und zu Bällchen formen. Bällchen etwas flach drücken, mit Mozzarella und etwas Tomatensoße füllen und verschließen.

4. Restliche Eier verschlagen und Reisbällchen erst in Mehl, dann in den Eiern und dann im Paniermehl wälzen.

5. Garkorb mit etwas Olivenöl besprühen und einen Teil der Reisbällchen so nebeneinander in den Korb legen, dass sie sich nicht berühren. Mit Öl besprühen. Bei 180 °C ca. 10 Minuten garen, dabei nach der Hälfte der Garzeit wenden. Restliche Reisbällchen ebenso zubereiten. Mit übriger Tomatensoße zum Dippen servieren.

SELBST GEMACHTE TORTILLA-CHIPS

Zutaten für 3 Portionen

6 Mais- oder Weizentortillas,
1 EL Olivenöl zum Bestreichen oder Besprühen,
Salz, etwas geräuchertes Paprikapulver,
1 Avocado, 1 kleine Zwiebel, 1 Knoblauchzehe,
1 Handvoll Korianderblätter,
Saft von 1 Limette, frisch gemahlener Pfeffer

Zubereitung *ca. 30 Min.*

Pro Portion *ca. 444 kcal • 6 g EW • 18 g F • 35 g KH*

1. Tortillas mit Olivenöl bestreichen oder besprühen. Stapeln und in Dreiecke schneiden. Mit Salz und Paprikapulver würzen.

2. Garkorb mit etwas Öl besprühen oder bestreichen und einen Teil der Dreiecke nebeneinander in den Korb legen. Bei 175 °C ca. 6 Minuten garen, bis sie knusprig-braun werden, dabei nach der Hälfte der Garzeit wenden. Mit den restlichen Tortilla-Dreiecken ebenso verfahren. Tortilla-Chips ankühlen lassen.

3. Avocado halbieren, entkernen und Fruchtfleisch herauslösen. Zwiebel und Knoblauch schälen, putzen und fein hacken. Koriander waschen, trocken tupfen und klein schneiden. Avocadofruchtfleisch mit einer Gabel zerdrücken und Zwiebel, Knoblauch, Koriander und Limettensaft zugeben. Alles gut zu einer Guacamole verrühren und mit Salz und Pfeffer abschmecken. Tortilla-Chips mit Guacamole servieren.

KARTOFFEL-THUNFISCH-HAPPEN

Zutaten für 4 Portionen

500 g Kartoffeln, Salz,
1 Dose Thunfisch im eigenen Saft,
100 g geriebener Parmesan,
2 Eier, frisch gemahlener Pfeffer,
100 g Paniermehl, Öl zum Besprühen,
Kräuter-Joghurt-Dip zum Servieren

Zubereitung *ca. 45 Min.*

Pro Portion *ca. 400 kcal • 30 g EW • 13 g F • 40 g KH*

1. Kartoffeln schälen, waschen und in Salzwasser gar kochen. Thunfisch abtropfen lassen und zerpflücken. Kartoffeln mit dem Kartoffelstampfer zerdrücken und mit Thunfisch, Parmesan, Eiern, Salz und Pfeffer vermischen.

2. Kartoffel-Thunfisch-Masse zu kleinen, flachen Bällchen formen und in Paniermehl wälzen.

3. Garkorb mit etwas Olivenöl besprühen und einen Teil der Kartoffel-Thunfisch-Happen so nebeneinander in den Korb legen, dass sie sich nicht berühren. Mit Öl besprühen. Bei 180 °C ca. 10–15 Minuten goldbraun frittieren, dabei nach der Hälfte der Garzeit wenden. Restliche Kartoffel-Thunfisch-Happen ebenso zubereiten. Mit Kräuter-Joghurt-Dip servieren.

FRITTIERTE RAVIOLI

Zutaten für 4 Portionen

2 Eier, 2 EL Milch,
110 g Paniermehl, 25 g Parmesan,
Salz, frisch gemahlener Pfeffer,
500 g frische Ravioli (aus dem Kühlregal),
etwas Olivenöl zum Besprühen,
Pesto oder Tomatensoße zum Servieren

Zubereitung *ca. 45 Min.*

Pro Portion *ca. 290 kcal • 15 g EW • 10 g F • 43 g KH*

1. Eier in einer Schüssel verschlagen und Milch unterrühren. Paniermehl und Parmesan in einer flachen Schüssel vermischen und mit Salz und Pfeffer würzen.

2. Ravioli einzeln erst in die Eimischung tauchen und dann in der Paniermehlmischung wälzen. Panade etwas andrücken und Ravioli nochmals in die Eimischung tauchen. Alle Ravioli auf diese Weise panieren.

3. Garkorb mit etwas Olivenöl besprühen und einen Teil der Ravioli so nebeneinander in den Korb legen, dass sie sich nicht berühren. Mit Öl besprühen.

4. Bei 200 °C ca. 7 Minuten garen, dabei nach der Hälfte der Garzeit wenden. Herausnehmen und mit etwas Salz bestreuen. Restliche Ravioli ebenso zubereiten. Nach Belieben mit Pesto oder Tomatensoße zum Dippen servieren.

Leckeres fürs Familienessen

SÜSSKARTOFFEL-POMMES

Zutaten für 4 Portionen

800 g Süßkartoffeln, 2 EL Olivenöl und etwas Olivenöl zum Besprühen, ½ EL grobes Meersalz, 1 EL frisch gehackte Kräuter nach Belieben (z. B. Oregano, Dill oder Thymian)

Zubereitung *ca. 25 Min.*

Pro Portion *ca. 247 kcal • 3 g EW • 8 g F • 40 g KH*

1. Süßkartoffeln waschen, putzen und in Stifte schneiden. Mit Olivenöl vermischen.

2. Garkorb mit Olivenöl besprühen und Süßkartoffelpommes hineingeben. Bei 200 °C ca. 10 Minuten garen. Temperatur auf 180 °C reduzieren und ca. 15 Minuten fertig backen. Nach der Hälfte der Garzeit wenden.

3. Süßkartoffelpommes herausnehmen. Salz mit Kräutern vermischen. Kräutersalz über die Süßkartoffelpommes streuen und mit einem Dip nach Wahl servieren.

Tipp Passt besonders gut dazu: ein Sauerrahm-Kräuter-Dip mit Limette. Hierfür einen Becher Sauerrahm mit Kräutern nach Wahl sowie einem Spitzer Limettensaft vermischen und mit Salz und frisch gemahlenem Pfeffer abschmecken.

PIKANTE GARNELEN-SPIESSE

Zutaten für 5 Spieße

2 Knoblauchzehen,
1 unbehandelte Zitrone,
2 EL Olivenöl,
1 TL gehackte Petersilie,
1 TL Honig, 3 EL Srirachasoße,
Salz, 15 Riesengarnelen,
5 Holzspieße

Zubereitung *ca. 25 Min.*
Ruhezeit *ca. 30 Min.*

Pro Spieß *ca. 105 kcal • 8 g EW • 6 g F • 4 g KH*

1. Knoblauchzehen schälen, putzen und fein hacken. 1 Teelöffel Zitronenzesten von der Zitrone schälen. Zitrone halbieren und Zitronensaft auspressen.

2. Olivenöl, Petersilie, Honig, Zitronenschale, Knoblauch und Srirachasoße vermischen und mit Salz abschmecken. Garnelen waschen, trocken tupfen und zur Marinade geben. Ca. 30 Minuten im Kühlschrank ruhen lassen.

3. Je 3 Garnelen auf einen Holzspieß stecken und Garnelenspieße in den Garkorb legen. Bei 200 °C ca. 8 Minuten garen, dabei nach der Hälfte der Garzeit wenden. Garnelenspieße aus der Heißluftfritteuse nehmen und mit Zitronensaft beträufelt servieren.

BLÄTTERTEIG-LACHS-TASCHEN

Zutaten für 4 Portionen

250 g gehackter Blattspinat (TK-Produkt), 1 Knoblauchzehe, Salz, frisch gemahlener Pfeffer, frisch geriebener Muskat, 250 g Ricotta, 2 Eier und 1 Eigelb zum Bestreichen, 50 g frisch geriebener Parmesan, 400 g Lachsfilet (küchenfertig, ohne Haut), 450 g Blätterteig (aus dem Kühlregal), etwas Mehl für die Arbeitsfläche, gemischte Kerne und Samen zum Bestreuen nach Belieben, Öl zum Besprühen

Zubereitung *ca. 45 Min.*

Pro Portion *ca. 845 kcal • 43 g EW • 54 g F • 48 g KH*

1. Spinat auftauen lassen und überschüssige Flüssigkeit herausdrücken. Knoblauch schälen, putzen und fein hacken. Spinat mit Knoblauch und etwas Salz, Pfeffer und Muskat vermischen. Ricotta mit Eiern und Parmesan vermischen und mit Salz und Pfeffer würzen. Lachs waschen, trocken tupfen und in 1,5 Zentimeter große Würfel schneiden.

2. Blätterteig auf einer bemehlte Arbeitsfläche zu 8 Rechtecken ausrollen. 4 Rechtecke mit Spinatmasse bestreichen und darauf Ricottamischung und Lachswürfel verteilen, dabei einen ca. 1 Zentimeter breiten Rand lassen. Ränder mit etwas Eigelb bestreichen und restliche Blätterteig-Rechtecke darauflegen. Ränder gut festdrücken. Oberfläche der Blätterteigtaschen rautenförmig einschneiden, mit Eigelb bestreichen und nach Belieben mit Kernen und Samen bestreuen.

3. Garkorb mit Öl besprühen und Hälfte der Blätterteig-Lachs-Taschen hineingeben. Bei 180 °C ca. 30 Minuten backen. Mit restlichen Blätterteigtaschen ebenso verfahren. Etwas abkühlen lassen und servieren. Dazu passt sehr gut ein frischer Salat.

KNUSPRIGES KNOBLAUCHBROT

Zutaten für 8 Stück

2 Knoblauchzehen,
50 g weiche Butter,
50 g geriebener Parmesan,
2 EL gehackte Petersilie,
Salz, frisch gemahlener Pfeffer,
8 Scheiben Baguette oder Ciabatta

Zubereitung *ca. 15 Min.*

Pro Stück *ca. 101 kcal • 3 g EW • 7 g F • 7 g KH*

1. Heißluftfritteuse auf 180 °C vorheizen. Knoblauchzehen schälen, putzen und fein hacken. Knoblauch mit Butter, Parmesan und Petersilie vermischen. Mit Salz und Pfeffer abschmecken.

2. Baguette- oder Ciabattascheiben mit Knoblauchbutter bestreichen und in den Garkorb der Heißluftfritteuse geben. Ca. 2–3 Minuten backen, bis das Knoblauchbrot goldbraun ist. Noch warm servieren.

Tipp Das Knoblauchbrot kann ganz nach Belieben noch mit Käse überbacken werden. Hierfür einfach vor dem Backen eine kleine Scheibe Gouda, Emmentaler oder Bergkäse auf die Baguette- oder Ciabattascheibe legen und so lange backen, bis der Käse zerlaufen und goldbraun ist.

GANZES BRATHÄHNCHEN

Zutaten für 4 Portionen

1 ganzes Hähnchen (ca. 1,3 kg),
Salz, frisch gemahlener Pfeffer,
1 Zwiebel,
1 Knoblauchzehe,
4 Stängel Petersilie,
40 g Butter,
2 EL Brathähnchengewürz

Zubereitung *ca. 1 Std. und 10 Min.*

Pro Portion *ca. 496 kcal • 50 g EW • 32 g F • 1 g KH*

1. Hähnchen waschen und gut trocken tupfen. Innen salzen und pfeffern. Zwiebel und Knoblauch schälen, putzen und in grobe Stücke schneiden. Petersilie waschen und trocken schütteln. Hähnchen mit Zwiebel, Knoblauch und Petersilie füllen.

2. Butter in einem kleinen Topf erwärmen und Brathähnchengewürz zugeben. Hähnchen mit der Butter-Gewürzmischung bestreichen und mit der Brustseite nach unten in den Garkorb legen. Bei 180 °C ca. 50 Minuten garen, dabei nach der Hälfte der Garzeit wenden. Brathähnchen herausnehmen und abkühlen lassen. Mit Beilagen nach Belieben servieren.

Tipp Noch etwas Platz in der Heißluftfritteuse? Dann kann zum Brathähnchen noch das Lieblingsgemüse in den Garkorb wandern, z. B. klein geschnittene Maiskolben, Möhren oder Frühlingskartoffeln.

NUDELMUFFINS

Zutaten für 18 Stück

250 g Nudeln (z. B. Hörnchen oder Spirelli), Salz, 50 g Butter, 20 g Mehl, 350 ml Milch, 100 g Sahne, frisch gemahlener Pfeffer, 200 g geriebener Käse (z. B. Cheddar, Bergkäse, Emmentaler), 120 g Paniermehl, ½ TL Paprikapulver

Zubereitung *ca. 50 Min.*

Pro Stück *ca. 168 kcal • 7 g EW • 8 g F • 15 g KH*

1. Nudeln nach Packungsanweisung in kochendem Salzwasser bissfest garen. Abgießen und beiseitestellen.

2. Butter in einer tiefen Pfanne schmelzen und Mehl zugeben. Unter ständigem Rühren anbräunen lassen. Mit Milch und Sahne ablöschen und alles gut verrühren. Mit Salz und Pfeffer würzen. Zwei Drittel des Käses zugeben und Käse unter ständigem Rühren schmelzen lassen, bis eine dickflüssige Käsesoße entsteht. Nudeln zugeben und alles gut vermengen. Mit Salz und Pfeffer abschmecken.

3. Paniermehl mit Paprikapulver vermischen. Silikon-Muffinförmchen nach Belieben mit Papier-Backförmchen auslegen, zur Hälfte mit der Nudelmasse befüllen und mit restlichem Käse und Paniermehlmischung bestreuen. Muffinförmchen in den Garkorb setzen und bei 180 °C ca. 15 Minuten backen. Abkühlen lassen und aus der Form lösen. Dazu passt ein Dip aus Tomatensoße oder Ketchup.

KLASSISCHES CORDON BLEU

Zutaten für 4 Portionen

4 Kalbs- oder Schweineschnitzel (ca. 800 g),
100 g Käse in Scheiben (z.B. Emmentaler oder Greyerzer),
100 g magerer Kochschinken in Scheiben,
2 Eier, Salz, frisch gemahlener Pfeffer,
150 g Paniermehl,
70 g Mehl,
Öl zum Besprühen

Zubereitung *ca. 30 Min.*

Pro Portion *ca. 587 kcal • 65 g EW • 18 g F • 40 g KH*

1. Fleisch trocken tupfen und mit dem Fleischklopfer flach klopfen. Jeweils zur Hälfte mit je 1 Scheibe Käse und 1 Scheibe Schinken belegen und andere Hälfte darüberklappen.

2. Eier in einem tiefen Teller verschlagen und mit Salz und Pfeffer würzen. Paniermehl und Mehl jeweils auf einen weiteren tiefen Teller geben. Cordon bleus erst in Mehl, dann in den Eiern und dann im Paniermehl wälzen. Sie sollten vollständig paniert sein. Mit etwas Öl besprühen.

3. Garkorb mit Öl besprühen und Cordon bleus nebeneinander in den Garkorb legen. Bei 200 °C ca. 10–15 Minuten goldbraun backen, dabei nach der Hälfte der Garzeit wenden. Cordon bleus herausnehmen und sofort servieren. Dazu passt ein frischer Salat.

HACKBRATEN IM SPECKMANTEL

Zutaten für 3 Portionen

300 g Hackfleisch, 1 Ei,
1 EL Paprikapulver, Salz,
frisch gemahlener Pfeffer,
120 g Mini-Mozzarella,
150 g Speckscheiben,
Öl zum Besprühen

Zubereitung *ca. 45 Min.*

Pro Portion *ca. 515 kcal • 35 g EW • 41 g F • 1 g KH*

1. Hackfleisch mit Ei, Paprikapulver, Salz und Pfeffer vermengen. Hackfleisch halbieren und zwei Fladen formen. Mozzarella mittig auf einen Fladen geben und andere Hälfte daraufgeben. Hackfleischhälften fest zusammendrücken und zu einem Hackbraten formen.

2. Speckscheiben leicht überlappend auf die Arbeitsfläche legen und Hackbraten daraufsetzen. Hackbraten mit den Speckscheiben umwickeln.

3. Garkorb mit Öl besprühen und Hackbraten hineinsetzen. Bei 180 °C ca. 35 Minuten backen, bis der Speck schön knusprig wird. Herausnehmen, etwas abkühlen lassen und mit Beilagen nach Wahl servieren.

KARTOFFEL-GEMÜSE-STRUDEL

Zutaten für 4 Portionen

150 g Gemüse nach Belieben (z. B. Möhren, Brokkoli, Lauch, Erbsen etc.),
250 g mehligkochende Kartoffeln, Salz,
1 Handvoll Petersilie,
100 g Frischkäse, 1 Ei,
frisch gemahlener Pfeffer,
2 Strudelblätter (aus dem Kühlregal),
flüssige Butter zum Bestreichen

Zubereitung *ca. 50 Min.*

Pro Portion *ca. 234 kcal • 7 g EW • 11 g F • 26 g KH*

1. Gemüse waschen, putzen und würfeln. Kartoffeln waschen, schälen und ebenfalls würfeln. Gemüse und Kartoffeln in kochendem Salzwasser bissfest garen. Petersilie waschen, trocken schütteln und fein hacken. Gemüse, Kartoffeln und Petersilie vermischen und mit Frischkäse und Ei verrühren. Mit Salz und Pfeffer würzen.

2. Strudelblätter ausrollen und Gemüse-Kartoffel-Mischung mittig darauf verteilen. Fest zu einem Strudel aufrollen. Boden des Garkorbs mit Butter bestreichen und Strudel vorsichtig hineingeben. Strudel ebenfalls mit Butter bestreichen. Kartoffel-Gemüse-Strudel bei 180 °C ca. 30 Minuten goldgelb backen. Aus dem Garkorb nehmen, etwas abkühlen lassen und in Stücke geschnitten servieren.

MAISKOLBEN-BITES MIT KNOBLAUCHBUTTER

Zutaten für 2 Portionen

1 Knoblauchzehe,
50 g weiche Butter,
1 TL Salz, frisch gemahlener Pfeffer,
2 Maiskolben,
1 EL getrockneter Thymian,
1 EL Knoblauchpulver,
frisch geriebener Parmesan nach Belieben

Zubereitung *ca. 20 Min.*

Pro Portion *ca. 373 kcal • 7 g EW • 23 g F • 34 g KH*

1. Knoblauch schälen, putzen und in die weiche Butter pressen. Knoblauchbutter mit ½ Teelöffel Salz und Pfeffer würzen und Maiskolben damit einreiben. Thymian und Knoblauchpulver mit dem restlichen Salz und Pfeffer vermischen.

2. Maiskolben in den Garkorb legen und ca. 10 Minuten bei 180 °C garen, dabei nach der Hälfte der Garzeit wenden. Mais herausnehmen, in Stücke schneiden und mit der Gewürzmischung bestreuen. Nach Belieben mit frisch geriebenem Parmesan bestreut servieren.

Tipp Für eine mexikanische Variante die Maiskolben mit einer Mischung aus Paprika-, Chili- und Kreuzkümmelpulver würzen und zum Servieren mit frischen gehackten Korianderblättern bestreuen.

NUDEL-SCHINKEN-AUFLAUF

Zutaten für 4 Portionen

*150 g Nudeln (z. B. Penne, Spirelli oder Farfalle),
Salz, 200 g Schinken (gewürfelt),
20 g weiche Butter (geschmolzen),
1 EL gehackte Kräuter
(z. B. Petersilie, Basilikum oder Oregano),
150 ml Milch, 4 Eier,
frisch gemahlener Pfeffer,
frisch geriebener Muskat,
100 g geriebener Käse
(z. B. Mozzarella, Parmesan oder Gouda),
Öl zum Besprühen*

Zubereitung *ca. 45 Min.*

Pro Portion *ca. 428 kcal • 29 g EW • 21 g F • 30 g KH*

1. Heißluftfritteuse auf 180 °C vorheizen. Nudeln nach Packungsangabe in Salzwasser gar kochen, in ein Sieb abgießen und abtropfen lassen. Schinken würfeln und mit gekochten Nudeln, Butter und Kräutern vermischen.

2. Milch, Eier, Salz, Pfeffer und Muskat gut verschlagen. Käse zugeben und alles verrühren. Garkorb mit Öl besprühen und Nudelmischung hineingeben. Milch-Ei-Mischung darübergeben. Ca. 15–20 Minuten garen, bis der Käse geschmolzen und goldbraun gebacken ist. Etwas abkühlen lassen und servieren.

GERÖSTETER ROSENKOHL

Zutaten für 2 Portionen

300 g Rosenkohl,
2 EL Olivenöl und etwas Olivenöl zum Besprühen,
Salz, frisch gemahlener Pfeffer,
1 kleine Knoblauchknolle,
nach Belieben etwas Thymian zum Garnieren

Zubereitung *ca. 25 Min.*

Pro Portion *ca. 232 kcal • 7 g EW • 17 g F • 9 g KH*

1. Rosenkohl waschen, putzen und halbieren. Mit 1 Esslöffel Olivenöl beträufeln und mit Salz und Pfeffer würzen. Oberen Teil der Knoblauchknolle abschneiden, mit restlichem Olivenöl bestreichen und in Alufolie wickeln.

2. Garkorb mit Olivenöl besprühen und Rosenkohl und Knoblauch hineingeben. Bei 190 °C ca. 15 Minuten garen, dabei nach der Hälfte der Garzeit Korb schütteln und Rosenkohl umrühren.

3. Rosenkohl nach Ende der Garzeit aus dem Korb nehmen, Knoblauch noch ca. 5 Minuten garen. Knoblauch herausnehmen und abkühlen lassen. Weichen Knoblauch aus der Knolle drücken und mit Rosenkohl vermischen. Nach Belieben mit gewaschenem, klein gezupftem Thymian garniert servieren.

ÜBERBACKENE GNOCCHI

Zutaten für 2 Portionen

250 g Gnocchi (aus dem Kühlregal), Salz, 1 kleine Zwiebel, 1 Knoblauchzehe, 1 EL Olivenöl und Olivenöl zum Besprühen, 1 Schuss Rotwein, 100 g passierte Tomaten, 1 Prise Zucker, frisch gemahlener Pfeffer, 125 g Mozzarella, Parmesan zum Bestreuen nach Belieben, Basilikumblätter zum Garnieren

Zubereitung *ca. 35 Min.*

Pro Portion *ca. 464 kcal • 18 g EW • 25 g F • 43 g KH*

1. Gnocchi nach Packungsangabe in Salzwasser bissfest kochen. Abgießen und beiseitestellen.

2. Zwiebel und Knoblauch schälen, putzen und klein schneiden. In Olivenöl anbraten und mit Rotwein ablöschen. Passierte Tomaten zugeben und alles aufkochen lassen. Mit Salz, Zucker und Pfeffer abschmecken. Gnocchi zur Tomatensoße geben und alles gut vermischen. Mozzarella würfeln.

3. Kleine Auflaufform mit Öl besprühen und Gnocchi hineingeben. Mit Mozzarellawürfeln bestreuen und Auflaufform in die Heißluftfritteuse geben. Bei 200 °C ca. 10 Minuten backen, bis der Käse geschmolzen ist. Auflaufform herausnehmen, überbackene Gnocchi nach Belieben mit Parmesan bestreuen und mit Basilikum garniert servieren.

Süße Köstlichkeiten

SAFTIGER KÜRBISKUCHEN

Zutaten für 4 Portionen

100 g Kürbis (z. B. Hokkaido-Kürbis),
1 Ei, 25 ml Öl und etwas Öl zum Besprühen,
40 ml Milch, 65 g Zucker, 1 Pck. Vanillezucker,
1 TL Zimt, 80 g Mehl, 1 EL Stärke,
1 TL Backpulver

Zubereitung *ca. 55 Min.*

Pro Portion *ca. 262 kcal • 4 g EW • 9 g F • 41 g KH*

1. Kürbis waschen, schälen, putzen und in Würfel schneiden. In kochendem Wasser gar kochen, abkühlen lassen und pürieren. Ei, Öl, Milch, Zucker, Vanillezucker und Zimt gut verrühren. Mehl, Stärke und Backpulver zugeben und unterrühren. Kürbispüree zugeben und alles gut vermengen.

2. Kleine Backform (ca. 16 Zentimeter Durchmesser) mit Backpapier auslegen und Ränder mit etwas Öl besprühen. Teig in die Backform geben und bei 170 °C ca. 35 Minuten backen. Kürbiskuchen herausnehmen, etwas abkühlen lassen und servieren.

Tipp Für einen besonders saftigen Kürbiskuchen können Sie den Zucker durch 50 Gramm flüssigen Honig ersetzen. Da Honig schneller braun wird als Zucker, sollte die Backtemperatur auf 165 °C reduziert werden.

GEGRILLTER PFIRSICH MIT THYMIAN

Zutaten für 2 Portionen

2 große Pfirsiche,
2 EL Öl und etwas Öl zum Besprühen,
1 EL brauner Zucker,
1 Zweig Thymian,
1 Prise Salz,
gehackte Nüsse zum Bestreuen,
Vanilleeis zum Servieren

Zubereitung *ca. 25 Min.*

Pro Portion *ca. 287 kcal • 3 g EW • 22 g F • 19 g KH*

1. Pfirsiche waschen, halbieren und entkernen.

2. Olivenöl mit Zucker verrühren. Thymian waschen, trocken schütteln, Blättchen abzupfen und fein hacken. Thymian und Salz zur Öl-Zucker-Mischung geben und alles gut verrühren. Pfirsiche damit marinieren.

3. Garkorb mit Öl besprühen und Pfirsiche hineingeben. Bei 200 °C ca. 15–20 Minuten garen, bis die Pfirsiche goldbraun gebacken sind. Pfirsiche herausnehmen, mit gehackten Nüssen bestreuen und mit Vanilleeis servieren.

GEBACKENE APFELRINGE

Zutaten für 4 Portionen

4 Äpfel,
4 EL Zucker,
1 TL Zimt,
1 Pck. Blätterteig (aus dem Kühlregal),
1 Ei,
etwas Öl zum Besprühen

Zubereitung *ca. 30 Min.*

Pro Portion *ca. 443 kcal • 6 g EW • 21 g F • 59 g KH*

1. Äpfel waschen, schälen und in ca. 1 Zentimeter dicke Ringe schneiden. Kerngehäuse entfernen und ein Loch ausschneiden. Zucker und Zimt vermengen und Apfelscheiben darin wenden.

2. Blätterteig ausrollen und in schmale Teigstreifen schneiden. Apfelringe mit Teigstreifen umwickeln und Teig mit verschlagenem Ei bestreichen.

3. Garkorb mit Öl besprühen und Apfelringe hineinlegen, dabei auf ausreichend Abstand achten. Bei 180 °C ca. 12 Minuten backen, nach der Hälfte der Backzeit wenden.

4. Apfelringe herausnehmen und nach Belieben mit Vanilleeis servieren.

LAVA CAKE MIT FLÜSSIGEM KERN

Zutaten für 3 Portionen

100 g Butter und etwas Butter zum Einfetten,
120 g Zartbitterkuvertüre,
1 Ei und 1 Eigelb,
50 g Zucker,
½ TL Vanilleextrakt,
50 g Mehl,
1 Prise Salz,
etwas Puderzucker zum Bestäuben,
nach Belieben Vanilleeis zum Servieren

Zubereitung *ca. 15 Min.*

Pro Portion *ca. 606 kcal • 6 g EW • 46 g F • 41 g KH*

1. Drei kleine Auflaufförmchen mit Butter einfetten. Butter und Kuvertüre zusammen schmelzen lassen und glatt rühren. Beiseitestellen.

2. Ei, Eigelb, Zucker und Vanilleextrakt vermischen. Mehl, Schokoladenmischung und Salz zufügen und alles gut verrühren. Auflaufförmchen bis zur Hälfte mit Teig füllen und in den Garkorb stellen. Bei 190 °C ca. 8–10 Minuten backen.

3. Lava Cakes herausnehmen und etwas abkühlen lassen. Mit einem Messer die Ränder von der Form lösen und Lava Cakes vorsichtig auf einen Teller stürzen. Mit Puderzucker bestäuben und nach Belieben mit Vanilleeis servieren.

ITALIENISCHE CANNOLI

Zutaten für 4 Portionen

120 g Mehl und etwas Mehl für die Arbeitsfläche, 1 EL Zucker, 30 g Butter, 1 Eigelb, 60 ml Marsala-Wein, 60 g Sahne, 240 g Ricotta, 2 EL Puderzucker, 1 TL Vanilleextrakt, ½ TL Zimt, 40 g Schokoladenstückchen, Öl zum Besprühen, nach Belieben kandierte Früchte zum Garnieren, Puderzucker zum Bestäuben

Zubereitung *ca. 30 Min.*

Pro Portion *ca. 446 kcal • 10 g EW • 26 g F • 44 g KH*

1. Mehl, Zucker und Butter mit dem Handrührgerät verrühren. Eigelb und Marsala zufügen und alles zu einem homogenen Teig verkneten. In Frischhaltefolie wickeln und im Kühlschrank ruhen lassen.

2. Sahne steif schlagen. Ricotta, Puderzucker, Vanilleextrakt, Zimt und Schokoladenstückchen zugeben und alles gut vermischen. Füllung in eine Spritztülle füllen und beiseitestellen.

3. Garkorb mit Öl besprühen. Teig auf einer bemehlten Arbeitsfläche ausrollen, bis er ca. 2 Millimeter dick ist, und Kreise ausstechen (ca. 7 Zentimeter Durchmesser). Teigkreise um Schillerlocken- oder Cannoliformen wickeln und in den Garkorb geben, dabei auf genügend Abstand achten. Bei 200 °C ca. 5–7 Minuten backen, bis die Cannoli goldbraun sind. Cannoli vorsichtig vom Garkorb lösen und abkühlen lassen.

4. Abgekühlte Cannoli mit Ricottamischung füllen und nach Belieben mit kandierten Früchten garnieren. Sofort mit Puderzucker bestäubt servieren.

FRITTIERTE EISCREME

Zutaten für 4 Portionen

100 g Cornflakes,
2 Eiweiß,
500 g Vanilleeiscreme,
Öl zum Besprühen,
Schokoladen- oder Karamellsoße nach Belieben,
etwas Puderzucker zum Bestäuben

Zubereitung *ca. 20 Min.*
Gefrierzeit *ca. 4 Std.*

Pro Portion *ca. 393 kcal • 8 g EW • 16 g F • 53 g KH*

1. Cornflakes in einen Gefrierbeutel geben und mit dem Nudelholz darüberrollen, bis Brösel entstehen. Eiweiße mit dem Handrührgerät zu festem Eischnee schlagen.

2. Eiscreme mit den Händen zu Kugeln formen und abwechselnd in Eischnee und Cornflakesbröseln wälzen. Mehrmals wiederholen, bis die Panade die Eiskugel komplett umhüllt. Mit der restlichen Eiscreme ebenso verfahren. Panierte Eiskugeln auf einen Teller geben und im Gefrierfach ca. 4 Stunden gefrieren lassen.

3. Heißluftfritteuse auf 200 °C vorheizen. Garkorb mit Öl besprühen und panierte Eiscremekugeln hineingeben. Ca. 2 Minuten backen, herausnehmen und nach Belieben mit Schokoladen- oder Karamellsoße auf einen Teller geben. Sofort mit Puderzucker bestäubt servieren.

BLITZSCHNELLE ERDNUSSBUTTERKEKSE

Zutaten für ca. 18 Stück

250 g cremige Erdnussbutter,
150 g Zucker,
1 Ei

Zubereitung *ca. 15 Min.*
Ruhezeit *ca. 30 Min.*

Pro Stück *ca. 125 kcal • 4 g EW • 7 g F • 10 g KH*

1. Erdnussbutter, Zucker und Ei gut vermischen und im Kühlschrank ca. 30 Minuten kühl stellen.

2. Garkorb mit Backpapier auslegen. 1 Esslöffel Keksteig zu einer Kugel rollen, flach drücken und in den Garkorb geben, dabei auf genügend Abstand achten. Mit einer Gabel kreuzweise ein Muster auf die Keksoberfläche drücken. Bei 180 °C ca. 5 Minuten backen. Kekse herausnehmen und abkühlen lassen. Mit dem restlichen Keksteig ebenso verfahren.

Tipp Variation gefällig? Dann einfach noch Rosinen, getrocknete Cranberrys oder backfeste Schokodrops mit in den Teig geben. Statt Erdnussbutter kann man auch Mandelmus verwenden, um blitzschnelle Mandelkekse zu erhalten.

COOKIE PIE MIT SCHOKOSTÜCKCHEN

Zutaten für 8 Portionen

120 g Butter,
etwas Öl zum Besprühen,
100 g Zucker, 100 g brauner Zucker,
1 großes Ei, 1 EL Vanilleextrakt,
180 g Mehl, 1 Prise Meersalz,
1 TL Backpulver,
180 g backfeste Schokodrops,
Schokoladensoße und Vanilleeis zum Servieren

Zubereitung *ca. 30 Min.*

Pro Portion *ca. 481 kcal • 6 g EW • 25 g F • 56 g KH*

1. Butter bei mittlerer Hitze schmelzen, bis sie goldbraun ist, dabei ständig umrühren. Vom Herd nehmen und in eine große Schüssel füllen. Heißluftfritteuse auf 180 °C vorheizen. Kleine Backform (ca. 16 cm Durchmesser) mit Backpapier auslegen und Ränder mit Öl besprühen.

2. Zucker zur Butter geben und ca. 2 Minuten schaumig schlagen. Ei und Vanilleextrakt zufügen und gut unterrühren. In einer weiteren Schüssel Mehl, Salz und Backpulver vermischen und nach und nach zur Butter-Mischung geben. Schokodrops vorsichtig unterheben.

3. Teig in die Backform geben und Backform in den Garkorb setzen. Ca. 10–12 Minuten backen, bis der Teig durchgebacken ist (Stäbchenprobe machen). Backform herausnehmen und Cookie Pie etwas abkühlen lassen. Mit Schokoladensoße und Vanilleeis servieren.

REZEPTREGISTER

Bildnachweis

Shutterstock: 3 o. re. Foto by KKK, 3 o. li. Jacek Chabraszewski, 3 u. re. Tatyana Malova, 3 u. li. AS Foodstudio, 5 Julia Mikhaylova, 6 grandbrothers, 8 grandbrothers, 13 Andrew Pustiakin, 15 AS Foodstudio, 17 Jacek Chabraszewski, 19 DronG, 21 Hanifah Kurniati, 23 bonchan, 25 NoirChocolate, 27 Lesya Dolyuk, 29 Kiian Oksana, 31 Brent Hofacker, 35 Alphonsine Sabine, 37 Tatyana Malova, 39 Maslova Valentina, 41 Foto by KKK, 43 Ika Rahma H, 45 Elena Veselova, 47 Alesia.Bierliezova, 49 Elena Zajchikova, 51 Rimma Bondarenko, 53 Mironov Vladimir, 55 MariaKovaleva, 57 Elena Veselova, 59 Micaela Fiorellini, 63 Ingrid Balabanova, 65 Elena Shashkina, 67 AS Foodstudio, 69 Dina Photo Stories, 71 Oxana Denezhkina, 73 Maxim Serbulov, 75 Nataliya Arzamasova, 77 Yevgeniya Abayeva, 79 Ika Rahma H; Coverabbildungen: siehe Innenteil

Impressum

Komplettproducing: twinbooks, München
Text und Lektorat: Eva Hutter für twinbooks, München

Genehmigte Sonderausgabe für Weltbild GmbH & Co. KG,
Ohmstraße 8a, 86199 Augsburg

Umschlaggestaltung: twinbooks, München

Druck und Bindung:
NEOGRAFIA, a.s.
Strasse Sucianska 39A
038 61 Martin-Priekopa
Slowakei

Printed in the EU.

978-3-8289-3699-7

2025 2024 2023
Die letzte Jahreszahl gibt die aktuelle Sonderausgabe an.